技工院校汽车类专业（中级技能层级）
中等职业学校汽车类专业

汽车维护与故障排除（第四版）习题册

胡克晓　主编

中国劳动社会保障出版社

简介

本习题册是技工院校汽车类专业教材（中级技能层级）/ 中等职业学校汽车类专业教材《汽车维护与故障排除（第四版）》的配套用书。内容紧扣教材的教学要求，注重基础知识的巩固和基本能力的培养，知识点分布均衡，题型丰富，难易适当，有助于学生复习巩固所学知识。

本习题册由胡克晓任主编，房宏威任副主编，李竹芳、陈贵显、王瑛、郑传宝参与编写。

图书在版编目（CIP）数据

汽车维护与故障排除（第四版）习题册：技工院校汽车类专业：中级技能层级　中等职业学校汽车类专业 / 胡克晓主编．-- 北京：中国劳动社会保障出版社，2024．-- ISBN 978-7-5167-5780-2

Ⅰ．U472．4-44

中国国家版本馆 CIP 数据核字第 20243A5P06 号

中国劳动社会保障出版社出版发行

（北京市惠新东街 1 号　邮政编码：100029）

*

北京市鑫霸印务有限公司印刷装订　　新华书店经销

787 毫米 ×1092 毫米　16 开本　4.75 印张　84 千字

2024 年 12 月第 1 版　　2024 年 12 月第 1 次印刷

定价：10.00 元

营销中心电话：400-606-6496

出版社网址：https://www.class.com.cn

https://jg.class.com.cn

目　录

模块一　发动机维护与故障诊断排除

单元1　汽车维护制度

一、填空题

1. 我国现行的汽车维护制度贯彻____________的原则。

2. 依据作业分级和周期的不同，汽车维护分为________________、________________、__________________。

3. 日常维护的目的是保证车辆各部分的____________和____________，尤其是掌握车辆____________的____________，保证其工作可靠性。

4. 日常维护周期为__________、__________和__________。

5. 一级维护是指除日常维护作业外，以________、________为作业中心内容，并检查________、________等系统中的安全部件的维护作业。

6. 一级维护是一项__________维护作业，即在汽车日常使用过程中的一次以确保车辆__________________为目的的作业。由____________负责执行的车辆维护作业。

7. 汽车一级维护周期的确定以_________________为基本依据，执行_________________等有关技术文件的规定。

8. 二级维护是指除一级维护作业外，以_________、_________制动系、____________、____________等安全部件，并拆检____________，进行___________，检查调整____________和____________相关系统等为主的维护作业。

9. 二级维护作业项目包括__________________和_________________，二级维护前应进行____________，依据其结果进行故障诊断并确定附加作业项目，二级维护作业过程中发现的维修项目也应作为附加作业项目。

10. 二级维护基本作业项目参照____和_________________执行。

二、选择题

1．下列（　　）不是汽车维护的目的。

A．保持车容整洁　　B．及时发现和消除故障隐患

C．防止车辆早期损坏　　D．保持车辆现有性能

2．依据作业分级和周期的不同，汽车维护分为一级维护、二级维护、（　　）。

A．走合期维护　　B．日常维护　　C．三级维护　　D．四级维护

3．为确保汽车正常行驶，在出车前、行车中和收车后，必须对汽车进行（　　）。

A．一级维护　　B．二级维护　　C．日常维护　　D．三级维护

4．一般地，汽车每行驶（　　）km，必须进行一次一级维护。

A．1 000~1 500　　B．1 500~2 000

C．2 000~3 000　　D．3 000~4 000

5．（　　）包括拆检轮胎，进行轮胎换位，检查调整发动机工作状况和汽车排放相关系统。

A．走合期维护　　B．日常维护　　C．一级维护　　D．二级维护

6．最高设计车速不小于 100 km/h 的车辆，其转向盘的最大自由转动量不大于（　　）。

A．10°　　B．15°　　C．20°　　D．25°

7．乘用车和挂车胎冠花纹深度应不小于（　　）mm。

A．1.6　　B．1.7　　C．1.8　　D．1.9

8．二级维护质量保证期为车辆行驶不少于（　　）km 或者 30 日，以先达到者为准。

A．1 000　　B．2 000　　C．5 000　　D．10 000

三、判断题

1．我国现行的汽车维护制度贯彻“定期维护”的原则。（　　）

2．在《汽车维护、检测、诊断技术规范》（GB/T 18344—2016）中，对汽车维护周期、维护作业内容和竣工检验标准等做出了明确的规定。（　　）

3．汽车维护都是由汽车维修工进行的。（　　）

4．出车前，如果轮胎气压不足，可以将就使用。（　　）

5．轮胎胎冠上的杂物对轮胎影响不大，可以不清除。（　　）

6．二级维护前应进厂检测，依据进厂检测结果进行故障诊断并确定附加作业项目。（　　）

7. 转向轮横向侧滑量应符合《机动车安全技术检验项目和方法》（GB 7258—2017）规定。
（ ）

四、简答题

1. 简述汽车维护的目的。

2. 简述出车前的日常维护作业项目及技术要求。

3. 简述一级维护基本作业项目及技术要求。

4. 简述二级维护作业流程。

5. 简述二级维护规定的进厂检测项目、检测内容及技术要求。

单元2 曲柄连杆机构的维护与故障诊断排除

一、填空题

1. 曲柄连杆机构是______________________将_____转换为________的主要机构。曲柄连杆机构的功用是将燃气作用在活塞顶上的_____转变为曲轴的___________而对外输出动力。

2. 发动机产生的动力大部分由曲轴后端的_____传给传动系统中的________；还有一部分通过曲轴前端的______________驱动本机其他机构和系统。

3. 曲柄连杆机构由________、______________和______________三部分组成。

4. 曲柄连杆机构的维护项目主要有__________________和_________________的检查调整。

5. 气缸盖拆装的主要注意事项是____。

6. 发动机曲轴的轴承间隙、轴向间隙过小，会使运转曲轴的_________，造成_____困难，同时曲轴主轴承容易_____、_____，甚至_____。

7. 如果曲轴的轴承间隙、轴向间隙过大，则曲轴会发生_____、前后____________，产生___________。

8. 拆卸气缸盖时，若气缸盖粘住，可用_____轻击气缸盖四周使其松动。

9. 用手转动曲轴，感觉费力，说明___________；若感觉过松，说明___________。

10. 六缸发动机应拆检_____个以上轴瓦。

11. 曲轴轴承异响是一种___________的金属敲击声，当转速或负荷突然变化时响声明显。

12．发动机连杆轴承异响是一种________________的金属敲击声。

13．安装气缸盖时，应先在气缸垫两平面涂上____________________，再将其装于气缸体上。铸铁缸盖的气缸垫翻边应______，铝合金缸盖的气缸垫翻边应______。

14．_______________是针对气缸盖积炭较厚处常采用的一种方法。

15．采用化学法清除积炭时，将所配制的溶液加热到__________，然后将零件放入其中浸泡约______ min，待积炭充分软化后，再用______将零件上的积炭刷除，最后用______清洗并用_________吹干。

16．在不取下活塞，清除缸体气缸口和活塞顶部积炭时，可使活塞处于_________位置，在_______________缝隙处涂抹一层_________，以防止______掉入缝隙中，再进行______。

17．发动机温度越高，响声越明显。高转速时，响声变得杂乱，则可能是________________。

18．在诊断曲轴轴承异响时，发动机高速运转，机体有较大的抖动，载重爬坡时有振动感，机油压力明显下降，则说明__________________或____________。

19．当发动机温度变化时，在任何转速情况下，都发出有节奏的“当当”声，且气缸盖抖动很强，进行断火和复火试验都一样，则可断定是_________________________________。

二、选择题

1．安装气缸盖时，用原厂规定的力矩分（　　）次逐渐拧紧螺栓。

A．1~2　　B．2~3　　C．3~4　　D．1

2．利用单缸断火法试验，若某缸断火时响声减弱或消失，且在复缸的同时响声又立刻出现，说明是该缸的（　　）。

A．连杆轴承响　　B．曲轴轴承响

C．飞轮响　　D．活塞响

3．发动机冷车起动并怠速运转时，在气缸上部发出清晰、明显、有规律的“嗒嗒”声，中速以上运转时，响声消失，说明（　　）。

A．连杆轴承响　　B．曲轴轴承响

C．飞轮响　　D．活塞敲缸响

4．机油压力过低，缸壁润滑不良，可能会出现（　　）。

A．连杆轴承响　　B．曲轴轴承响

C．飞轮响　　D．活塞敲缸响

5. 活塞环背隙、端隙过小，会导致（　　）。

A. 连杆轴承响　　B. 曲轴轴承响

C. 飞轮响　　D. 活塞敲缸响

三、判断题

1. 拆卸气缸盖，取出缸盖螺栓，每个螺栓对应的位置可以互换。（　　）

2. 拆卸气缸盖时，若气缸盖粘住，可用金属锤轻击气缸盖四周使其松动。（　　）

3. 拆卸气缸盖时，若气缸盖粘住，可用旋具或撬棒插入缝口硬撬。（　　）

4. 安装气缸盖时，铸铁缸盖的气缸垫翻边应朝上，铝合金缸盖的气缸垫翻边应朝下。（　　）

5. 拆下气缸盖、气门、进排气管后，可先用汽油使积炭软化。（　　）

6. 响声混杂，出现“咯嘣、咯嘣”或“哗啦、哗啦”声，用断火法检查单缸和双缸，若响声减弱或消失，说明多缸连杆轴承和轴颈磨损严重或连杆轴承盖的连接螺栓松动。（　　）

7. 曲轴轴承异响是一种“当当”的金属敲击声。（　　）

8. 在机油加注口处听察，反复变换发动机转速，当突然加速或降速时，若有明显的“当当”金属敲击声，用旋具在缸体曲轴位置听察，变化转速时响声明显，则可断定为曲轴轴承异响。（　　）

四、简答题

1. 如图所示为气缸盖，请填上拧下气缸盖螺栓的顺序。

2. 如图所示为气缸盖，请填上安装气缸盖螺栓的顺序。

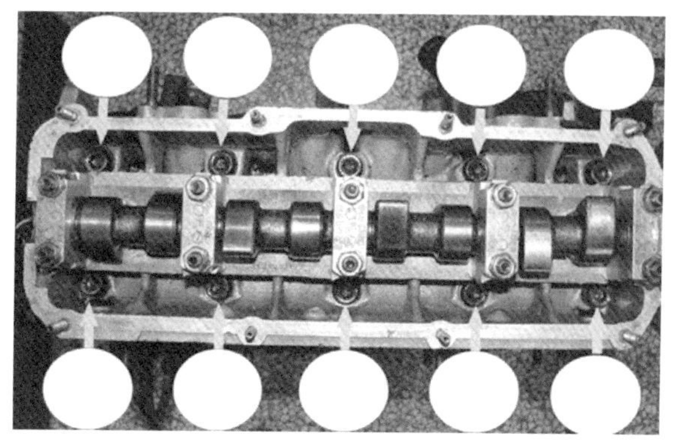

3. 曲轴轴承异响的现象是什么？

4. 曲轴轴承异响的原因有哪些？

5. 连杆轴承异响的现象是什么?

6. 连杆轴承异响的原因有哪些?

7. 发动机冷、热态均敲缸响的原因是什么?

实训报告单 1

姓名：　　　　　　　　学号：　　　　　　　　班级：　　　　　　　　指导教师：

实训日期		实训地点	
实训项目	气缸盖的拆装		
实训要求			
主要实训器材			
实训内容			
实训总结			
教师评语			

实训报告单 2

姓名：　　　　　　学号：　　　　　　班级：　　　　　　指导教师：

<table>
<tr><td>实训日期</td><td></td><td>实训地点</td><td></td></tr>
<tr><td>实训项目</td><td colspan="3">曲轴轴承间隙的检查与调整</td></tr>
<tr><td>实训要求</td><td colspan="3"></td></tr>
<tr><td>主要实训器材</td><td colspan="3"></td></tr>
<tr><td>实训内容</td><td colspan="3"></td></tr>
<tr><td>实训总结</td><td colspan="3"></td></tr>
<tr><td>教师评语</td><td colspan="3"></td></tr>
</table>

单元3 配气机构的维护与故障诊断排除

一、填空题

1. 配气机构的作用是按照发动机每一气缸内所进行的____________和____________的要求，定时______和______各气缸的____________，使新鲜的可燃混合气及时______气缸，______及时从气缸排出。

2. 配气机构由______（包括进气门、排气门、气门座、气门导管、气门弹簧、座圈、气门锁片及气门油封等）和______________（包括凸轮轴、液压挺杆、凸轮轴正时齿形带轮及正时齿形带等）组成。

3. 汽油发动机曲轴驱动凸轮轴一般采用______和______两种方式。

4. 安装正时皮带，用拇指和食指捏住_____________和_______________之间的齿形带的______位置，以刚好转动______为合适。

5. 发动机怠速运转时，在正时齿轮室盖处发出“嘎啦、嘎啦”声，发动机转速提高到中速，响声比较突出。此时，用试棒或机械故障听诊器触在正时齿轮室盖上倾听，响声更为明显且有振动，说明______________________________而产生异响。

二、选择题

1. 发动机怠速运转时，发出连续不断的、有节奏的“嗒嗒”声，说明（　　）。

A. 连杆轴承响　　B. 曲轴轴承响

C. 气门响　　D. 活塞敲缸响

2. 响声比较复杂，有时有节奏，有时无节奏，有时间断响，有时连续响，这个故障一般是（　　）。

A. 连杆轴承响　　B. 正时齿轮响

C. 气门响　　D. 活塞敲缸响

三、判断题

1. 如果重复使用正时皮带，正时皮带可以随意安装，没有方向。（　　）

2. 发动机温度变化时，气门响声没有变化。（　　）

四、简答题

1．气门响的原因有哪些？

2．正时齿轮响的原因有哪些？

单元4　汽油发动机燃料供给系的维护与故障诊断排除

一、填空题

1．电控汽油发动机燃料供给系由________、__________、______________组成，作用是根据发动机不同工况的要求，供给气缸不同浓度和数量的汽油和空气的________。

2．发动机工作时电控单元读取________（或进气歧管压力）、________、冷却液温度、进气温度、节气门位置等传感器输入的信息，然后将这些信息与存储在ROM存储器中的预置好的信息进行比较，从而确定在这种工况下发动机所需的________和________。

3．电控单元发出喷油脉冲信号，通过控制______喷油时间的长短来控制喷油量，实现对可燃混合气浓度的精确控制。

4. 空气供给装置主要由______________、______________（或进气歧管绝对压力传感器）、___________、进气管、进气歧管和怠速阀等组成，功用是控制并测量吸入发动机的空气量，提供形成可燃混合气所需的空气。

5. 汽油机燃油供给系统的功用是根据发动机的工况要求，配制出一定数量和浓度的______________，送入气缸参与燃烧，并将燃烧后的废气从气缸内排出。

6. 汽车常见的燃油供给系统由_______、_____________、供油总管、____________、脉动阻尼器、燃油分配管（油轨）、_______、_________________、回油管和活性炭罐等组成。

7. 通常车辆行驶到_________ km 时，应取出空气滤清器的滤芯进行清洁。

8. 车辆每行驶_________ km 应更换空气滤芯。

9. 清洁空气滤芯时用空气压缩机从___________开始，_____均匀沿_____方向吹净滤芯内外表面的灰尘。

10. 消声器内部的积炭可用_____轻轻敲击进行清除，也可将其放入___________中浸泡________ h，使积炭软化再清除。

11. 进气歧管绝对压力传感器是一个结构可靠的部件，工作过程中一般不会损坏，因此在进行维护时应特别注意检查______________和_________________________是否良好，___________是否老化、破裂、堵塞。

12. 测量静态油压结束后，过____ min 再观察油压表指示的油压，此时的压力称为燃油系统___________，其值应不低于_____ kPa。若油压过低，应进一步检查____________的保持压力、______________的保持压力及________有无泄漏。

13. 检测喷油器时，起动发动机，怠速运转，用手触摸喷油器，应有_____________感觉。

14. 系统油压测量完毕后，先释放____________________，再小心地拆下_____________，接好______________________，按要求预置____________________，检查油管各连接处有无漏油。

15. 用听诊器与喷油器接触，应能听到_____________响声。

16. 冷车起动困难的原因主要有________________________、_____________故障，___________________故障，____________________、_____________________________故障。

17. 热车起动困难的原因有_______________________故障、______________故障、

________漏油或________、________故障、________、________故障、________故障等。

18. 怠速抖动的现象是指____，怠速不稳的现象是指____。

二、选择题

1. 通常车辆行驶到约（　　）km，应取出空气滤清器的滤芯进行清洁。

A. 3 000　　B. 5 000　　C. 8 000　　D. 10 000

2. 打开点火开关（不起动发动机），电动汽油泵运转，测量燃油压力，其正常油压应为约（　　）kPa。

A. 100　　B. 300　　C. 500　　D. 800

3. 检测喷油器电磁线圈，用万用表电阻挡测量接线电阻值，20 ℃时电阻值应为（　　）Ω。

A. 12~16　　B. 16~20　　C. 20~26　　D. 26~36

4. 检测喷油器的喷油量，喷油量通常为（　　）mL/15 s。

A. 20~30　　B. 30~40　　C. 40~50　　D. 50~60

5. 同一台发动机各缸喷油器的喷油量之差应小于总喷油量的（　　）。

A. 5%　　B. 10%　　C. 15%　　D. 20%

三、判断题

1. 空气滤清器脏污，可用汽油或水洗刷滤芯。（　　）

2. 将点火开关接通，不起动发动机，用手触摸电动燃油泵，应能感到 2 s 的转动。（　　）

3. 检测喷油器时，起动发动机，怠速运转，用手触摸喷油器，应有脉动的感觉。（　　）

4. 安装新的燃油滤清器时，注意箭头方向应指向汽油的流动方向。（　　）

四、简答题

1. 就车检查空气流量计自洁电路的方法是什么？

2. 就车检测进气歧管绝对压力传感器输出电压信号的方法是什么?

3. 如何检查节气门位置传感器?

4. 燃油系统为什么要卸压?

5. 燃油系统卸压的步骤是什么？

6. 电子控制燃油喷射发动机起动困难的原因有哪些？

7. 电子控制燃油喷射发动机怠速过低的原因有哪些？

8. 电子控制燃油喷射发动机怠速过高的原因有哪些?

9. 电子控制燃油喷射发动机动力不足、加速不良的原因是什么?

10. 电子控制燃油喷射发动机油耗过大的原因是什么?

实训报告单 1

姓名：　　　　　　　学号：　　　　　　　班级：　　　　　　　指导教师：

实训日期		实训地点	
实训项目	空气滤清器的维护		
实训要求			
主要实训器材			
实训内容			
实训总结			
教师评语			

实训报告单 2

姓名：　　　　　　学号：　　　　　　班级：　　　　　　指导教师：

<table>
<tr><td>实训日期</td><td></td><td>实训地点</td><td></td></tr>
<tr><td>实训项目</td><td colspan="3">空气流量计的检测</td></tr>
<tr><td>实训
要求</td><td colspan="3"></td></tr>
<tr><td>主要
实训
器材</td><td colspan="3"></td></tr>
</table>

检测项目	检测结果	备注

<table>
<tr><td>实训
总结</td><td></td></tr>
<tr><td>教师
评语</td><td></td></tr>
</table>

实训报告单3

姓名：　　　　学号：　　　　班级：　　　　指导教师：

实训日期		实训地点	
实训项目	电子控制燃油喷射系统燃油压力的检查		
实训要求			
主要实训器材			
实训内容			
实训总结			
教师评语			

实训报告单 4

姓名：　　　　　　学号：　　　　　　班级：　　　　　　指导教师：

实训日期		实训地点	
实训项目	电动燃油泵的检查		
实训要求			
主要实训器材			
实训内容			
实训总结			
教师评语			

实训报告单 5

姓名：　　　　　学号：　　　　　班级：　　　　　指导教师：

实训日期		实训地点	
实训项目	喷油器的维护		
实训要求			
主要实训器材			
实训内容			
实训总结			
教师评语			

单元 5　冷却系的维护与故障诊断排除

一、填空题

1. 目前，汽车发动机上采用________________冷却系。

2. 水冷式冷却系主要由________、______、______、______、________、______、________和________等组成。

3. 冷却液在冷却系内的循环流动路线有两条，一条为________，另一条为________。

4. 冷却液液面的检查应在______状态下进行。

5. 皮带过松会引起______，使水泵和发动机的___________，影响________的循环；皮带过紧，会引起___________、_____________及___________的加速磨损。

6. 检查风扇皮带张紧力时，在皮带的______用______ N 的力按下皮带，其挠度应为________ mm。

7. 在风量充足的条件下，用手触摸散热器和发动机，若散热器温度低，而发动机温度高，说明______________。

8. 若发动机和冷却液温度正常，而水温表指示水温过高，则应检查________、________及___________是否正常。

9. 发动机熄火后，用手触摸发动机和散热器，若感觉发动机温度高，而散热器温度低，说明______________________或________失效。

10. 汽车在行驶途中，发动机温度升高，同时排气管有“突突”声，且发动机动力明显不足，可停车检查________及________、________等。若排气管冒白烟且排出水珠，散热器口向外溢水或排气泡，且呈沸腾状态，某些缸火花塞电极处有水珠，说明______________或______________。

二、选择题

1. 检查风扇皮带张紧力时，在皮带的中部用 40 N 的力按下皮带，其挠度应为（　　）mm。

A．5~10　　B．10~15　　C．15~20　　D．20~25

2. 如果用高压清洗机清洗散热器，应使散热器芯与清洗机喷嘴之间的距离保持在（　　）cm。

A．0　　B．20~30　　C．30~40　　D．40~50

3．车辆每行驶（　　）km，需对冷却系进行清洗。

A．15 000~25 000　　B．25 000~35 000　　C．35 000~45 000　　D．45 000~55 000

三、判断题

1．冷却液液面的检查应在冷机状态下进行。（　　）

2．若发动机处于热状态，则不要急于将散热器盖拧下，以防被喷出的热冷却液烫伤。（　　）

四、简答题

1．简述冷却液充足但发动机过热的原因。

2．简述发动机突然过热的原因。

3．简述冷却液消耗异常的原因。

实训报告单

姓名：　　　　　　学号：　　　　　　班级：　　　　　　指导教师：

实训日期		实训地点	
实训项目	冷却液的更换		
实训 要求			
主要 实训 器材			
实 训 内 容			
实训 总结			
教师 评语			

单元6　润滑系的维护与故障诊断排除

一、填空题

1. 润滑系统一般由________、________、______________、_____________、___________、机油压力传感器和机油压力指示器等组成。

2. 机油标尺上的两条刻线，上刻线“F”表示机油的____________，下刻线“L”表示机油的____________。

3. 若机油油迹处于机油标尺______________，说明油量合适；若机油油迹______________，则表示油量不足，应添加____________的机油；若机油油迹______________，则表示油量过多，应____________。

4. 若车辆仪表盘装有油压过低指示灯，怠速工况时指示灯应______。

5. 更换机油时，起动发动机并使其处于_________，然后______。

6. 更换机油时，拧下油底壳上的放油螺塞，______放出机油。

7. 更换机油，加注规定容量约__________的稀薄机油，起动发动机______运转3~5 min，熄火后放出油底壳和滤清器内的机油。

8. 在将新的机油滤清器装上之前，要先在机油滤清器上_______________，并且______，使机油滤清器____________。

9. 检查机油油质时，拔出机油标尺，将机油标尺上黏附的机油_____________，最好是______，放置一定时间后观察_______________及_______________。

10. 机油滴在滤纸上，油滴的核心部分呈_________、_______________，则属正常，机油可继续使用；若油滴呈____，说明机油中掺入了燃油或冷却液，则机油不能继续使用，应更换；若油斑上____，说明机油已老化变质，应更换。

11. 发动机油底壳周围有漏油痕迹，说明油底壳____________________或___________，应紧固或更换。

12. 发动机多处有机油渗出，但又找不出明显的漏油处，则应检查___________________，清理____。

13. 排气管冒蓝烟，同时机油加注口也向外冒蓝烟，原因是________________________

________________________________，使机油窜入燃烧室燃烧。

14．排气管冒蓝烟，机油加注口不冒烟，而气门室罩向外窜烟，原因是____。

15．在安装有机油散热器的发动机上，若在冷却系中发现有机油，原因是__________________________________。

16．若机油已经乳化，说明机油中______________，则应拆下______________，检查表面有无_____。若有_______，说明有_____进入气缸内参与燃烧。应检查__________是否损坏，________________是否相通，______________________________等。

17．拔出机油标尺，检查机油量及品质。若机油液面低于“MIN”或“L”线以下，说明_____________；若机油颜色无变化，而黏度降低，且有燃油气味，说明__________________________；若机油呈乳浊状并有泡沫，说明____________________。

18．发动机运转过程中，机油压力突然升高，但没有其他异常现象，应首先检查____。可接通点火开关，但不起动发动机，观察机油压力表指针是否升至最大值。若表指针升至最大值，则故障是________________；若表指针指示零值，则应检查________________________________、_____________________________________、______________________等。

二、选择题

1．机油更换周期一般为（　　）km，但车辆运行条件不同，换油的周期也不相同。

A．1 000~2 000　　B．3 000~6 000

C．4 000~10 000　　D．5 000~12 000

2．燃烧室积炭增多的原因是（　　）。

A．汽油消耗多　　B．机油消耗多

C．冷却液温度低　　D．进入气缸的空气少

3．气缸垫损坏，冷却液漏入油底壳，将机油稀释，造成（　　）。

A．机油压力低　　B．机油消耗多

C．机油压力高　　D．机油压力不变

三、判断题

1．怠速工况时，车辆仪表盘的油压过低，指示灯应熄灭。　　（　　）

2. 更换机油时，应在冷车状态下进行。 （ ）

3. 拆卸机油滤清器应用专用工具。 （ ）

4. 检查机油油质的方法是观察油滴的扩散情况及油斑中心的颜色。 （ ）

5. 若机油已经乳化，说明机油中掺进了水分。 （ ）

四、简答题

1. 在什么情况下需要更换发动机机油?

2. 机油消耗异常的原因有哪些?

3．机油变质过快的原因有哪些？

4．机油压力过高的原因有哪些？

实训报告单

姓名：　　　　　　学号：　　　　　　班级：　　　　　　指导教师：

实训日期		实训地点	
实训项目	机油的检查与更换		
实训要求			
主要实训器材			
实训内容			
实训总结			
教师评语			

模块二　底盘维护与故障诊断排除

单元1　离合器的维护与故障诊断排除

一、填空题

1．离合器位于________与________之间，其主动部分与发动机的______连接，从动部分与________连接。

2．汽车离合器类型较多，按其工作原理的不同可分为__________和________，其中________应用广泛。

3．摩擦式离合器由___________、_________、_________和___________四部分组成。

4．液压式操纵机构一般通过调整___________的长度操纵离合器。

5．离合器从动盘摩擦衬片不得有______、______，铆钉不得______。

6．使用游标卡尺测量从动盘的厚度和铆钉头的深度，铆钉头的最小深度不得小于______ mm。

7．用百分表测量从动盘总成的端面跳动量，其值应______________ mm。

8．检查离合器分离杠杆和膜片弹簧磨损深度与宽度，深度磨损极限为______ mm，宽度磨损极限为______ mm。

9．离合器压盘工作面不应有______、______。

10．对于液压操纵式离合器，经检查调整后仍分离不彻底，应检查操纵系统_________现象，并_________________________。

11．汽车运行中，离合器在接合或分离的瞬间，发出一种“咔”或“吭”的响声，特别是重载车起步时尤为明显，说明____或_____________________________。

12．刚踩下或刚抬起离合器踏板时，即离合器处于恰要分离或恰要接合时刻，若听到有“咔嗒”的碰击声，说明_____________________________________，应更换从动盘；若听到有金属刮研声，说明________________________________，应更换从动盘。

二、选择题

1. 机械绳索式离合器踏板自由行程应为（　　）mm。

A．5~10　　B．10~15　　C．15~20　　D．20~30

2. 使用游标卡尺测量从动盘的厚度和铆钉头的深度，铆钉头的最小深度不得小于（　　）mm。

A．0.1　　B．0.3　　C．0.5　　D．0.7

3. 用百分表测量从动盘总成的端面跳动量，其值应不大于（　　）mm。

A．0.2　　B．0.4　　C．0.6　　D．0.8

4. 检查离合器分离杠杆和膜片弹簧磨损深度与宽度，深度磨损极限为（　　）mm。

A．0.2　　B．0.4　　C．0.6　　D．0.8

三、判断题

1. 有些车辆的离合器操纵机构具有自调装置，不用调整离合器踏板自由行程。（　　）
2. 机械绳索式离合器踏板自由行程的调整是调整钢索上的锁紧螺母。（　　）
3. 离合器液压操纵系统空气的排放须由两人配合进行。（　　）
4. 离合器从动盘装反将导致离合器分离不彻底。（　　）

四、简答题

1. 如何检查离合器踏板自由行程？

2．如何排放离合器液压操纵系统中的空气？

3．离合器打滑的原因有哪些？

4. 离合器分离不彻底的现象是什么?

5. 离合器发响的原因有哪些?

实训报告单

姓名：　　　　　　学号：　　　　　　班级：　　　　　　指导教师：

实训日期		实训地点	
实训项目	离合器的维护		
实训要求			
主要实训器材			
实训内容			
实训总结			
教师评语			

单元2　变速器的维护与故障诊断排除

一、填空题

1. 手动变速器由__________________和__________________组成。

2. 变速传动机构分为_________手动变速器和_________手动变速器。

3. 三轴式手动变速器主要由_________、_________、_________、_________、_________及____________组成。

4. 手动变速器每间隔____年或______ km 更换一次变速器油。

5. 自动变速器主要由______________、________________________、______________、____________等组成。

6. 检查手动变速器润滑油液面，润滑油液面与加油孔下边缘______或_________加油孔下边缘，不超过______ mm。

7. 自动变速器油液应为______色、无______、无______。

8. 检查变速器操纵机构时，将变速器上盖固定在台虎钳上，用手推拨叉。若用较大的力猛一推才能够推到挡位，说明__________________；若用力不大就能推到挡位，则说明__________________。

9. 某一拨叉已在挡位上，同时推动另一拨叉，若能推到挡位，说明____________。

10. 检查变速器传动机构时，检查各齿轮齿面，不得有________、________及________现象，接合齿与其相配合的滑动齿轮磨损不得超过____________。

11. 若变速操纵杆能任意转动，表明其_____________磨短或脱落，或_________严重磨损。

12. 变速器能同时挂入两个挡，输出轴卡住不转。应拆下变速器盖，检查和修理变速器____________。

13. 汽车在起步或换挡时，变速器发出强烈的金属摩擦声，在离合器完全接合后响声消失，应检查变速器__________________。

14. 空挡时无异响，当挂入某一挡位时产生异响，应检查该挡位的____________情况，必要时进行修理或更换。

15. 低速挡行驶时有异响，高速挡行驶时响声减弱或消失，应检查变速器____________

的松旷程度。

16．用直接挡行驶时无异响，而其他挡均有异响，应检查变速器＿＿＿＿＿＿和＿＿＿＿＿＿。

二、选择题

1．一般情况下，变速器润滑油每隔（　　）km 更换一次。

A．8 000　　B．12 000　　C．24 000　　D．38 000

2．汽车行驶（　　）km 时，自动变速器一般要换用新油和换用新的滤清器。

A．8 000　　B．12 000　　C．38 000　　D．50 000

3．变速器第一、二轴及中间轴的轴向间隙均不得大于（　　）mm。

A．0.10　　B．0.30　　C．0.50　　D．0.80

4．将变速器轴的花键插入与之配合的齿轮或同步器，配合间隙应不大于（　　）mm。

A．0.10　　B．0.30　　C．0.50　　D．0.80

三、判断题

1．一般情况下，汽车每行驶 10 000 km 应检查一次自动变速器液位高度。（　　）

2．锁销式惯性同步器的后备行程为锥盘小端和锥环端面的高度差。（　　）

3．用游标卡尺测量花键厚度，磨损量应不大于 0.80 mm。（　　）

四、简答题

1．简述更换变速器油的步骤。

2．变速器掉挡的原因有哪些？

3．手动变速器乱挡的原因有哪些？

4．手动变速器异响的原因有哪些？

实训报告单

姓名：　　学号：　　班级：　　指导教师：

实训日期		实训地点	
实训项目	变速器油的检查与更换		
实训要求			
主要实训器材			
实训内容			
实训总结			
教师评语			

单元3 万向传动装置的维护与故障诊断排除

一、填空题

1. 万向传动装置主要包括________和________，对于传动距离较远的分段式传动轴，为了提高传动轴的刚度，还设置有___________。

2. 万向传动装置中的故障很多情况下是___________造成的。

3. 每次拆下传动系统时，应将_________________也拆下，以检查其磨损情况。

4. 检视传动轴，应无______、______、______等损伤，否则应修复或更换。

5. 用手握住传动轴并使其转动，检查花键毂、滑动叉，应无明显的_________。

6. 传动轴在分解前，对凸缘叉、万向节及滑动叉要加上______________；对滑动叉与花键轴、中间轴凸缘与花键轴要加上___________。

7. 万向节轴颈表面应无___________、______、______，滚针应无______，轴承壳应无______、______。

8. 用外径千分尺测量万向节轴颈磨损量，应不超过_______ mm，滚针压痕应不超过________ mm。

9. 用百分表检查传动轴是否弯曲，轴外圆的径向圆跳动量最大不得超过______ mm。

10. 汽车起步或行驶过程中，始终有明显的“咔啦”响声，说明传动轴_______________________________或___________________松动。

11. 汽车起步时出现“刚当”声或响声杂乱，在缓坡上慢慢地向坡上倒车时，出现“咔吧”的断续响声，说明传动轴_____________________________。

12. 若传动轴运转时发出连续振响，将发动机熄火后用手握住中间支承架附近的中间传动轴上下晃动，若有松旷感，说明__________________________________与______间隙过大，应更换橡胶垫环。

二、简答题

1. 万向传动装置异响故障的原因有哪些？

2. 简述万向传动装置抖动的故障现象。

3. 万向传动装置抖动的故障原因有哪些?

实训报告单

姓名：　　　　　　　学号：　　　　　　　班级：　　　　　　　指导教师：

实训日期		实训地点	
实训项目	万向传动装置的维护		
实训要求			
主要实训器材			
实训内容			
实训总结			
教师评语			

单元4　驱动桥的维护与故障诊断排除

一、填空题

1．驱动桥的作用是________________，将万向传动装置输入的动力，改变______________以后，分配到______________，使汽车行驶，并且允许左、右驱动轮可以以不同转速旋转。

2．驱动桥分为________驱动桥和________驱动桥。

3．驱动桥主要由________、________、________和________等组成。

4．主、从动圆锥齿轮的表面不能有___________，损伤齿不得超过齿长的_____和齿高的_____，且数量不多于___个齿。行星齿轮和半轴齿轮齿面不允许有___________，齿面上有轻微擦伤允许使用，环形擦伤宽度不超过_____。

5．当啮合印痕处在从动圆锥齿轮的轮齿大端时，应将___________向______________靠拢，若因此使得轮齿的啮合间隙_____，则将主动圆锥齿轮_____。

6．啮合印痕处在从动圆锥齿轮的轮齿小端时，应将从动圆锥齿轮_____主动圆锥齿轮，若因此使得轮齿的啮合间隙_____，则将主动圆锥齿轮_____。

7．啮合印痕处在从动圆锥齿轮的轮齿顶端时，应将_______________移拢，若因此使得轮齿的啮合间隙过小，则将_________________移开。

8．啮合印痕处在从动圆锥齿轮的轮齿根部时，应将主动圆锥齿轮_____，若因此使得轮齿的啮合间隙过大，则将_________________移拢。

9．啮合间隙的调整是靠主、从动圆锥齿轮的___________来实现的，两齿轮_____则啮合间隙减小，两齿轮_____则啮合间隙增大。在调整过程中，有可能出现啮合印痕和啮合间隙相冲突的现象，这时应尽量满足___________，___________可稍大一些，但最大不能超过____ mm。

10．当需要主动圆锥齿轮_______________从动圆锥齿轮而造成间隙过大（或过小）时，在不改变轴承预紧度的情况下，可通过把从动齿轮轴适当厚度的___________从一边移到另一边的方法来进行。

11．当需要从动圆锥齿轮移开（或移拢）主动圆锥齿轮而造成间隙过大（或过小）时，可通过减少（或增加）______________________与___________之间的调整垫片来进行。

12. 若在快速改变车速时，驱动桥有明显的金属撞击声，说明____________________
______或____________________，应调整或更换。

13. 直线行驶无异响，低速转弯时车身略有抖动，则____________________________
________________，应立即停车紧固或更换。

二、选择题

1. 车辆每行驶（　　）km 应检查主减速器润滑油液面，不足时应添加至规定位置。

A. 8 000　　B. 12 000　　C. 18 000　　D. 24 000

2. 车辆每行驶（　　）km 应更换润滑油，加注原厂规定标号的新润滑油到规定位置。

A. 8 000　　B. 12 000　　C. 18 000　　D. 24 000

3. 直线行驶无异响，转弯时有异响，说明（　　）转动困难。

A. 主动齿轮　　B. 从动齿轮

C. 行星齿轮　　D. 半轴

三、判断题

1. 驱动桥左、右驱动轮不能以不同的转速旋转。（　　）

2. 啮合间隙的调整是靠主、从动圆锥齿轮的轴向移动来实现的。（　　）

3. 移动差速器轴承调整螺母可以调整啮合间隙。（　　）

四、简答题

1. 驱动桥异响的原因有哪些?

2．驱动桥漏油的原因有哪些？

3．驱动桥过热的原因有哪些？

实训报告单

姓名：　　　　　　学号：　　　　　　班级：　　　　　　指导教师：

实训日期		实训地点	
实训项目	驱动桥的维护		
实训要求			
主要实训器材			
实训内容			
实训总结			
教师评语			

单元5　转向系的维护与故障诊断排除

一、填空题

1．按照转向动力源的不同，汽车转向系可以分为______________和______________两大类。

2．机械式转向系是以________________作为转向动力源。

3．动力转向系除了驾驶人体力外，还以___________作为辅助转向动力源，动力转向系又分为________、________和________。

4．检查转向操纵力时，将汽车停放在水平路面上，油液温度达到________________，___________正常，并使前轮处于___________位置。

5．使汽车以约 3.5 km/h 的速度行驶，将转向盘顺时针或逆时针转动 90°，然后放手______ s，如果转向盘能自动回转______以上，说明工作正常。

6．顶起前桥，转动转向盘，若感到转向盘变轻，说明故障部位在______、______或其他部位。此时应首先检查___________，然后用______________检查___________，应注意________和________。

二、选择题

1．检查转向油泵传动带张紧力时，用手以约 100 N 的力从带的中间位置按下，带应有约（　　）mm 挠度为合适，否则必须调整。

A．5　　B．10　　C．15　　D．20

2．汽车每行驶（　　）km，应检查带的张紧力，必要时需调整或更换。

A．6 000　　B．12 000　　C．15 000　　D．20 000

3．转向器缺乏润滑油会使转向（　　）。

A．不正　　B．沉重　　C．灵活　　D．歪斜

三、判断题

1．检查转向储油罐液面时，应在冷机状态下进行。（　　）

2．在排除转向系统装置的故障后，可以重复使用储油罐的液压油。（　　）

3．拆换动力转向器和更换储油罐的液压油时，原则上要求更换储油罐中的滤清器。（　　）

4．造成动力转向系转向沉重的原因一般是液压转向助力系统失效或助力不足。（　　）

四、简答题

动力转向系转向沉重的原因是什么？

实训报告单

姓名：　　　　　　学号：　　　　　　班级：　　　　　　指导教师：

实训日期		实训地点	
实训项目	动力转向系的维护		
实训要求			
主要实训器材			
实训内容			
实训总结			
教师评语			

单元 6　行驶系的维护与故障诊断排除

一、填空题

1. 汽车行驶系一般由______、______、______和______组成。

2. ______是全车的装配基体，它将汽车各相关总成连接成一个整体。

3. 检查车轮与轮胎时，轮辋及挡圈无______、______、______，螺纹孔处磨损应不超过______ mm。

4. 轮胎胎冠磨损后，其花纹深度应不小于______ mm，并不得暴露出______________。

5. 在乘用车轮胎的胎面上，一般都有__________。当轮胎上的__________露出来时，说明轮胎__________________。

6. 汽车长时间行驶后，用手触摸减振器缸壁，若温度不高，说明减振器____________。

7. 若轮胎胎冠两肩磨损严重，说明轮胎______________________________。

8. 若轮胎胎冠中部磨损严重，说明轮胎_______________________。

9. 胎面干裂，多为轮胎____________或______所致。

10. 若轮胎胎冠外侧磨损严重，说明车轮_______________。

11. 若轮胎胎冠内侧磨损严重，说明车轮_______________。

12. 若轮胎胎冠出现由外侧向内侧或由内侧向外侧的锯齿形磨损，说明车轮__________________________________。

13. 若轮胎胎冠出现波浪形或碟边形磨损，说明车轮_________，_________松旷，______变形。

14. 若轮胎胎面出现扇形磨损，说明轮胎____________。

二、选择题

1. 检查钢板弹簧有无裂纹或折断，片间错位不超过（　　）mm，必要时更换。

A. 1.5　　B. 2.5　　C. 3.5　　D. 4.5

2. 检查钢板弹簧夹箍与钢板弹簧的间隙，两侧的间隙应为（　　）mm。

A. 0.15~0.20　　B. 0.20~0.25　　C. 0.25~0.30　　D. 0.30~0.35

3. 检查吊耳、吊耳销和钢板销有无裂纹，钢板销与衬套的配合间隙应不大于（　　）mm。

A．1.5　　　　B．2.5　　　　C．3.5　　　　D．4.5

4．汽车每行驶（　　）km，在满负荷的情况下，应按规定力矩拧紧钢板弹簧U形螺栓、螺母。

A．5 000~10 000　　　　B．8 000~15 000

C．10 000~15 000　　　　D．15 000~20 000

5．汽车每行驶（　　）km，应对前后钢板弹簧销加注润滑脂。

A．2 000　　　　B．3 000　　　　C．4 000　　　　D．5 000

6．汽车每行驶（　　）km，应在每片钢板弹簧的表面涂一层0.15~0.20 mm厚的石墨润滑脂，紧固后将挤出的多余润滑脂清理干净。

A．12 000　　　　B．24 000　　　　C．36 000　　　　D．48 000

三、判断题

1．对于乘用车减振器的检查，可以用手以200~300 N的力在汽车的前部或后部施压，待放手后若减振器良好，车身在纵向竖直平面内的振动次数应不多于2~3次。（　　）

2．前、后桥的左、右轮中心距若不相等，说明悬架弹簧固定螺栓松动或折断造成移位，应紧固或更换。（　　）

四、简答题

1．中型货车的轮胎如何换位？（用图示表示）

2. 重型货车的轮胎如何换位？（用图示表示）

3. 乘用车及小客车的轮胎如何换位？（用图示表示）

4. 车身倾斜、方向跑偏的原因有哪些？

5．轮胎胎面磨损不均匀的原因有哪些？

6．前轮摆动的原因有哪些？

实训报告单 1

姓名：　　　　　　学号：　　　　　　班级：　　　　　　指导教师：

实训日期		实训地点	
实训项目	四轮定位的检查与调整		
实训要求			
主要实训器材			
实训内容			
实训总结			
教师评语			

实训报告单 2

姓名：　　　　学号：　　　　班级：　　　　指导教师：

<table>
<tr><td>实训日期</td><td></td><td>实训地点</td><td></td></tr>
<tr><td>实训项目</td><td colspan="3">车轮与轮胎的维护</td></tr>
<tr><td>实训要求</td><td colspan="3"></td></tr>
<tr><td>主要实训器材</td><td colspan="3"></td></tr>
<tr><td>实训内容</td><td colspan="3"></td></tr>
<tr><td>实训总结</td><td colspan="3"></td></tr>
<tr><td>教师评语</td><td colspan="3"></td></tr>
</table>

单元7　制动系的维护与故障诊断排除

一、填空题

1．制动系包括____________系统、____________系统和____________系统。

2．制动系一般应具有良好的______性能和制动_________，且制动不______、不_____，制动可靠。

3．制动系分为____________系统和____________系统。制动系一般由____________机构和_________两个主要部分组成。

4．用_________测量摩擦片磨损极限值，摩擦片的厚度不应小于______ mm，若小于______ mm，应更换摩擦片。

5．鼓式制动器中装有_______________用以自调制动器间隙。

二、选择题

1．液压制动系统排气的顺序为（　　）。

A．右后轮、左后轮、右前轮、左前轮

B．右后轮、右前轮、左后轮、左前轮

C．右前轮、右后轮、左前轮、左后轮

D．右前轮、左前轮、右后轮、左后轮

2．制动蹄摩擦片的厚度应不低于（　　）mm。

A．1　　B．1.5　　C．2　　D．2.5

三、判断题

1．用游标卡尺测量制动盘的厚度，制动盘磨损极限值应不小于 15 mm。（　　）

2．盘式制动器的制动间隙可自动调整。（　　）

四、简答题

1．简述液压制动失效故障的原因。

2. 简述液压制动不良故障的原因。

3. 简述液压制动拖滞故障的原因。

实训报告单

姓名：　　　　　　学号：　　　　　　班级：　　　　　　指导教师：

<table>
<tr><td>实训日期</td><td></td><td>实训地点</td><td></td></tr>
<tr><td>实训项目</td><td colspan="3">液压制动系的检测与调整</td></tr>
<tr><td>实训
要求</td><td colspan="3"></td></tr>
<tr><td>主要
实训
器材</td><td colspan="3"></td></tr>
</table>

检测项目	检测结果	备注

<table>
<tr><td>实训
总结</td><td></td></tr>
<tr><td>教师
评语</td><td></td></tr>
</table>

模块三　电气设备维护与故障诊断排除

单元 1　电源系的维护与故障诊断排除

一、填空题

1. 电源系统一般由________、________、________、____________等组成。

2. 汽车用铅酸蓄电池与交流发电机________，主要作用是为________提供强大的起动电流，有__________和__________等几种，其一般由__________个单格串联而成，主要由________、________、________、________、________和________组成。

3. 蓄电池的容量主要受____________、____________及________________的影响。充满电的铅酸蓄电池单格电压为______ V，液面高出防护片________ mm，相对密度 ρ（15 ℃）为________ g/cm^3。

4. 汽车交流发电机主要由__________、__________、__________、________、________等组成。在汽车行驶过程中，由发电机向除了___________以外的所有用电设备提供电源，并对________充电。

5. 透明塑料外壳的蓄电池上均刻有（或印有）两条指示线，表示________和________。标准的电解液高度应介于______________之间。

6. 蓄电池的充电方法有三种：________充电、________充电和__________充电。

7. 串联定电流充电，可将不同____________、____________相同的蓄电池串联在一起进行充电。

8. 并联定电压充电，可将________________的蓄电池并联在一起进行充电。

9. 万用表拨至 R×1 挡，将两支表笔分别接在______________之上，测量磁场绕组的电阻值。若所测电阻值为无穷大，说明磁场绕组有__________故障。若所测电阻值小于规定值，说明磁场绕组有__________故障。

10. 万用表拨至 R×10 k 挡，将一支表笔接在______________之上，另一支表笔接在

________上，测量转子磁场绕组的电阻值。若万用表指示无穷大，说明其________良好。若万用表指示电阻值较小，则说明其____________或____________。

11. 万用表拨至 R×1 挡，用两支表笔分别测量定子绕组每两匝线端的电阻值。若测得其电阻值均小于 1 Ω，说明____________。若测得其电阻值较大或为无穷大，说明有__________或__________。

12. 万用表拨至 R×1 k 挡，进行定子绕组与其铁心电阻值的测量，一支表笔接________，另一支表笔接__________。若表针不摆动，说明定子绕组与其铁心间__________。若表针摆动，说明定子绕组与其铁心间有__________之处。

13. 在充电过程中，若出现相邻单格中电解液密度有明显差距，说明____________有断路故障。若电解液变为褐色浑浊状态，说明__________________故障。

14. 一般情况下，充电机可分为三大类型，即______________、________________、______________。

15. 可控硅整流充电机的输出端的额定电压较大，而额定电流较小，适用于蓄电池________方法的__________充电。

16. 硅整流充电机的输出端的额定电压较小，而额定电流较大，适用于蓄电池________方法的__________充电。

17. 快速脉冲充电机适用于蓄电池__________方法的充电。快速充电时，可选择与蓄电池容量____________进行充电。

18. 充电种类是根据蓄电池技术状况及其使用需求划分的，包括____________、____________、____________、____________和____________。在汽车维护过程中，这些充电种类中除了____________之外，其他类型的充电是不可缺少的，但最常用的是____________。

19. 新蓄电池在充电之前，应先注入____________________，当电解液温度下降到________ ℃以下时，再进行充电。

20. 蓄电池就车充电时，必须拆下与车上连接的________。

21. 在充电过程中，必须打开铅酸蓄电池的__________，使电池内产生的______和______得以顺利排出。

22. 在充电过程中，要经常检查电解液的温度，当充电温度上升到 40 ℃时，应将电流______，若继续上升到 45 ℃，应______________，并采取______措施，待冷至________℃以下再进行充电。

二、选择题

1. 用游标卡尺测量滑环外径，滑环厚度不得小于（　　）mm。

A．1　　B．2　　C．2.5　　D．3

2. 发电机电刷与滑环接触面积应达到（　　）以上。

A．25%　　B．50%　　C．75%　　D．95%

三、判断题

1. 接入串联电路中的蓄电池最大电压总量，应小于充电机额定输出电压。（　　）

2. 接入并联电路中的蓄电池最大电压总量，应大于充电机额定输出电压或选定电压。（　　）

3. 配制电解液时，要严格执行安全操作规程，将浓硫酸慢慢倒入蒸馏水中，并不断搅拌，严防腐蚀事故的发生。（　　）

四、简答题

1. 简述蓄电池容量低故障的原因。

2. 简述蓄电池极板硫化故障的现象。

3. 简述蓄电池自放电故障的现象。

4. 简述发电机不充电故障的原因。

5. 简述发电机充电量过大故障的现象。

实训报告单 1

姓名：　　　　学号：　　　　班级：　　　　指导教师：

<table>
<tr><td>实训日期</td><td></td><td>实训地点</td><td colspan="2"></td></tr>
<tr><td>实训项目</td><td colspan="4">蓄电池技术状况的检测</td></tr>
<tr><td>实训
要求</td><td colspan="4"></td></tr>
<tr><td>主要
实训
器材</td><td colspan="4"></td></tr>
<tr><td colspan="2">检测项目</td><td colspan="2">检测结果</td><td>备注</td></tr>
<tr><td colspan="2"></td><td colspan="2"></td><td></td></tr>
<tr><td>实训
总结</td><td colspan="4"></td></tr>
<tr><td>教师
评语</td><td colspan="4"></td></tr>
</table>

实训报告单 2

姓名：　　　　　学号：　　　　　班级：　　　　　指导教师：

<table>
<tr><td>实训日期</td><td></td><td>实训地点</td><td></td></tr>
<tr><td>实训项目</td><td colspan="3">发电机技术性能测试</td></tr>
<tr><td>实训
要求</td><td colspan="3"></td></tr>
<tr><td>主要
实训
器材</td><td colspan="3"></td></tr>
</table>

检测项目	检测结果	备注

<table>
<tr><td>实训
总结</td><td></td></tr>
<tr><td>教师
评语</td><td></td></tr>
</table>

单元2　起动系的维护与故障诊断排除

一、填空题

1. 起动系一般由________、________、__________、空挡起动开关、________等组成。

2. 起动机安装在发动机________上，依靠驱动齿轮带动发动机__________旋转而起动发动机。起动机的作用是将__________________转变为__________，驱动发动机使其起动。

3. 起动机由____________________、____________________、____________________三部分组成。

4. 电动机的作用是将___________转换为__________，产生__________。为获得较大的起动力矩，一般均采用____________。

5. 将蓄电池_____________接入励磁绕组之中，试验各磁极的电磁吸力大小和均匀程度。

6. 励磁绕组最常见的断路点是在____________与___________之间的导线焊接处、各励磁线圈之间的___________处。

7. 用220 V交流试灯或万用表的高电阻挡进行励磁绕组绝缘性能测试，两试棒分别接_____________与_____________，若试灯不亮或万用表显示电阻值无穷大，则说明该励磁绕组____________，其绝缘性能____________。若试灯亮或万用表显示电阻值小于________ kΩ，说明该励磁绕组__________，其绝缘性能__________。

8. 新电刷工作面的研磨方法是：先在电枢换向器上缠上细砂纸，装上起动机________和需要研磨的__________，再用台虎钳夹住____________，用手转动____________进行研磨，使电刷与换向器的接触工作面积达到_______以上。然后，在电刷上做好_____________，以防止组装过程中_____________而影响其工作接触面积。

9. 起动机的技术性能测试，是通过将起动机的_________试验和_________试验的结果与其标准相对照而做出的起动机技术性能的结论。

10. 空载试验是检测起动机空转消耗的_________、_________和_________，以此来判断起动机的机械状况和电路的基本技术状况。

11．起动机空载试验的故障判断方法：

（1）测得的电流超过标准值，而转速低于标准值，通常是由______故障或______故障引起的。

（2）测得的电流和转速均低于标准值，但____________________，其故障原因主要是：______________、______________、____________________、____________________等。

（3）测得的电流与转速都低于标准值，电压表的读数也低于标准值时，主要是______________或______________造成的。

12．全制动试验是检测起动机全制动时产生的______和消耗的______________，进一步检测__________________________________；另外，还可以检验______________是否打滑。

13．起动机全制动试验的故障判断方法：

（1）若测得的电流大、电压低、转矩小，则说明________________________________故障。

（2）若测得的电流和转矩均小，而电压比标准值高。其故障包括______________、______________或______________等。

（3）若测得的电流和转矩均小，电压也较低，则说明____________________或____________________。

（4）如果在全制动试验过程中，起动机电枢仍能转动，则说明______________打滑，失去了传递扭矩的能力。

二、选择题

1．换向器外径的大小，可根据换向片的磨损量来确定，一般要求换向片的厚度不得小于（　　）mm。

A．1　　B．2　　C．2.5　　D．3

2．检查换向器的径向圆跳动量，其径向圆跳动量应不大于（　　）mm。

A．0.01~0.02　　B．0.02~0.03

C．0.03~0.05　　D．0.04~0.07

3．电刷的长度应不小于原尺寸的（　　）。

A．1/3　　B．2/3　　C．1/4　　D．1/2

4．为了保证起动电流的畅通，电刷与换向器的接触工作面积不得小于（　　）。

A．25%　　B．50%　　C．65%　　D．75%

5．全制动试验时，每次接通电路的时间不得超过（　　）s。

A．5　　B．10　　C．15　　D．20

三、判断题

1．电刷弹簧的最小弹力应为 12~15 N。（　　）

2．电磁开关的触点和接触盘是否良好，可通过测量其接触电阻来进行初步的检查。（　　）

3．蓄电池的容量应与被测起动机的功率相匹配，而且必须采用技术状况良好的蓄电池。（　　）

4．空载试验的时间不得超过 5 min，以免起动机过热而烧坏。（　　）

四、简答题

1．简述起动机不转故障的原因。

2．简述起动机运转无力故障的原因。

3. 简述单向离合器不回位故障的原因。

4. 简述起动机异响故障的原因。

实训报告单

姓名：　　　　　学号：　　　　　班级：　　　　　指导教师：

<table>
<tr><td>实训日期</td><td></td><td>实训地点</td><td></td></tr>
<tr><td>实训项目</td><td colspan="3">起动机的检测与性能试验</td></tr>
<tr><td>实训
要求</td><td colspan="3"></td></tr>
<tr><td>主要
实训
器材</td><td colspan="3"></td></tr>
</table>

检测项目	检测结果	备注

<table>
<tr><td>实训
总结</td><td></td></tr>
<tr><td>教师
评语</td><td></td></tr>
</table>

单元3　点火系的维护与故障诊断排除

一、填空题

1. 点火系的作用是在正确的时刻向气缸提供适当持续时间的________，以点燃气缸中的______________。

2. 汽油发动机上采用由电子控制单元（ECU）控制的点火系，又称_________________________。这种点火系统由________、______________和______________三部分组成。

3. 用圆形规测量火花塞的电极间隙，其值应为_____________ mm。

二、简答题

1. 简述个别气缸不工作故障的原因。

2. 简述电子点火系高压无火故障的原因。

实训报告单

姓名：　　　　　　学号：　　　　　　班级：　　　　　　指导教师：

实训日期		实训地点	
实训项目	电子点火系的维护		
实训要求			
主要实训器材			
实训内容			
实训总结			
教师评语			